Rechtssicherheit im Schulsekretariat

Jens-Reinhold Hubert

Rechtssicherheit im Schulsekretariat

Die 20 wichtigsten Rechtsfragen für die Arbeit in Schulsekretariat und Schulverwaltung kompakt erklärt

AVM.edition

Bibliografische Information der Deutschen Nationalbibliothek

Die Deutsche Nationalbibliothek verzeichnet diese Publikation in der Deutschen Nationalbibliografie; detaillierte bibliografische Daten sind im Internet über http://dnb.d-nb.de abrufbar.

AVM - Akademische Verlagsgemeinschaft München 2019

Printed in Germany

Gedruckt auf chlorfrei gebleichtem, säurefreiem und
alterungsbeständigem Papier (ISO 9706)

ISBN 978-3-95477-108-0

AVM - Akademische Verlagsgemeinschaft München
Schwanthalerstr. 81
D-80336 München
www.avm-verlag.de

Inhalt

Vorwort

Das Schulsekretariat ist aufgrund seiner Vielseitigkeit einer der spannendsten Arbeitsplätze in der Verwaltung: Kinder wollen versorgt, die Schulleitung entlastet, Lehrkräfte unterstützt und Eltern informiert werden. Die Arbeit im Schulsekretariat erfordert neben sachkundiger Büroorganisation auch soziale Kompetenz und (verwaltungs-)rechtliches Wissen. Der Arbeitsplatz der Assistenz der Schulleitung ist in vielen Kommunen und bei vielen Trägern nicht genau definiert bzw. sieht im Alltag oft anders aus, als es die Träger vorsehen. Dies wird unter anderem an fehlenden oder zum Teil veralteten Stellenbeschreibungen sichtbar. Sich in den Alltag einer Schule einzuarbeiten ist nicht einfach: Oft etwa fehlen Übergaben oder Einarbeitungshilfen. Auch sind die beruflichen Hintergründe der Schulsekretärinnen und Sekretäre unterschiedlich: Von ehemaligen Mitarbeiter(inne)n im Rathaus über Steuerfachangestellte, von Bürokauffrauen und -männern bis hin zu Arzthelfer(inne)n reicht die Palette der Neueinsteiger(innen), die sich in die Arbeit an der Schule erst einarbeiten müssen. Ebenso fehlt in vielen Fällen der Austausch mit anderen Kolleg(inn)en des „Robinson-Arbeitsplatzes“ Schulsekretariat.

Dieses Buch entstand auf Anregung von Schulsekretärinnen und Sekretären, die das POLIS®-Seminarteam in den letzten 18 Jahren qualifizieren durfte: „Gibt es eigentlich einen Leitfaden, in dem ich eine Übersicht über meine wichtigsten rechtlichen Fragen finde?“ bzw. „Wo kann ich mich kurz und knapp über die wichtigsten Fragen informieren?“ Und so haben wir die Fragen aus den Schulsekretariaten quer durch die Republik und zum Teil grenzüberschreitend gesammelt: Von der Stadtverwaltung Ahlen bis nach Frankfurt an der Oder, von Itzehoe bis zum Landkreis Erding, von Basel bis nach Hannover baten wir die Teilnehmer(inne)n unserer Seminare, uns ihre brennendsten Fragen zu nennen. Diese Sammlung haben wir auswerten lassen und die 50 häufigsten Fragen zusammengestellt. 20 Antworten auf die 20 am meisten gestellten Fragen finden Sie nun in diesem Buch. Natürlich kann dieses Buch den aktiven Erfahrungsaustausch in einem Seminar nicht ersetzen, dennoch kann es ein Überblick sein für all diejenigen, die den „Sprung ins kalte Wasser“ wagen und neu im Schulsekretariat anfangen. Den „alten Hasen“ möge das Buch als Reflexion ihrer Arbeit dienen. Die Anhänge wurden uns von „echten Schulsekretärinnen“ aus ihrer täglichen Arbeit zur Verfügung gestellt.

Der Dank des Autors gilt zunächst all den POLIS®-Seminarteilnehmer(inne)n der letzten 18 Jahre, die mit klugem Sachverstand aber auch mit Herz, Freude und Pathos den täglichen „Wahnsinn Schulsekretariat“ ertragen und somit das Rückgrat der Schule bilden. Ohne Sie wäre das Buch – ohne Sie wäre Schule an sich – nicht möglich. Vergessen Sie bitte nicht: Sie sind die Chefsekretärin der Schule!

Ein weiterer Dank gilt all den Schulleiter(innen), die in ihrem Schulsekretariat nicht die „einfachen Schreibkräfte“ sehen, sondern deren Wünsche, Veränderungs- und Verbesserungsvorschläge aufgreifen und den Lehrkräften gegenüber vertreten. Großen Respekt zolle ich hier namentlich Herrn Schulleiter a. D., Rainer Schaumburg aus Radevormwald, dessen klaren, fairen und transparenten Schulführungsstil ich bis heute bewundere. Vielen Dank für einen regen Austausch und viele Informationen aus Sicht der Schulleitung! Gleiches gilt für die „Lehrerfamilie“ Schreieck für ihre Unterstützung.

Die Arbeit unseres Studieninstituts wäre nicht möglich ohne die intensive und vertrauensvolle Zusammenarbeit mit den Schulträgern. Hier gibt es schlechte Beispiele – Schulträger, die die Wünsche etwa nach weiterem Qualifizierungsbedarf oder mehr Anerkennung der Schulsekretärinnen und Sekretären an sich abprallen lassen, aber auch Schulverwaltungsämter, die ihrer Führungsrolle nicht gerecht werden, alles in die Verantwortung der Schulsekretariate abschieben („Ihr in der Schule macht das schon, oder?“) und bei Konflikten zwischen Schulleitung und Schulsekretariat nicht moderierend eingreifen. Und es gibt erstklassige Schulverwaltungen, die sich vorbildlich um die Belange der Schulsekretariate kümmern. Namentlich sind hier Frau Yvonne Kühl (Stadtverwaltung Itzehoe), Frau Franzmann und Frau Hettmer von der Stadtverwaltung Ludwigsburg, Herr Zentner von der Stadtverwaltung Frankfurt an der Oder sowie Herr Nussbaumer von der Stadt Weil am Rhein hervorzuheben. Diesem herausragenden Führungsstil gebührt Respekt, da sie ihre wichtige Mitarbeitergruppe durch eindeutig definierte Vorgaben partnerschaftlich und klar führen. Sie scheuen sich nicht, sich auch mal zwischen die Gräben zu „schmeißen" und eindeutig zu ihren Schulsekretariaten zu stehen.

Vielen Dank auch an das Team vom AVM-Verlag – insbesondere an Frau Steger, die mir die Veröffentlichung erst ermöglicht haben!

Nicht zuletzt bedanke ich mich bei meiner Mutter, Schulleiterin und Lehrerin, sowie meinem Vater, Schulpsychologe, die mir seit Jahren aus verschiedensten Blickwinkeln einen vielseitigen Einblick in das Schulumfeld ermöglichen.

Und nun bin ich gespannt auf Ihre Reaktionen! Gibt es Fragen, die Ihnen in dem Buch fehlen? Fragen, die Sie gerne beantwortet haben möchten? Besuchen Sie unser Team auf einem unserer Seminare für Schulsekretärinnen (Infos: www.schulsekretärinnen.de) oder schreiben Sie mir unter jrhubert@polis-seminare.de!

Frankenthal, im April 2019

Jens-Reinhold Hubert

ERSTER TEIL

HAFTUNGSFRAGEN

? Wer haftet, wenn ich als Schulsekretär(in) einer Lehrkraft Materialien gebe, die „falsch“ bzw. „ungeeignet“ sind, und es passiert daraufhin etwas?

Stellen Sie sich vor, eine Lehrkraft möchte von Ihnen eine Overheadfolie. Diese soll allerdings nicht durch die Lehrkraft selbst beschrieben werden, sondern die Lehrkraft möchte diese vom Kopierer bedrucken lassen. Die Sekretärin bzw. der Sekretär gibt daraufhin der Lehrkraft allerdings eine nicht kopierergeeignete Folie und der Kopierer geht anschließend kaputt.

Ein Schadenersatzanspruch besteht immer dann, wenn die Lehrkraft ihre Pflichten schuldhaft verletzen. Dies hat die Lehrkraft im obigen Fall getan. Denn: indem sie eine hierfür nicht geeignete Folie zum Kopieren verwendete, hat sie die ihr auferlegten Pflichten verletzt. Lehrkräfte sind im unmittelbaren Verhältnis zum Dienstherren verpflichtet, für den Unterrichtsgebrauch verwendete Gegenstände vor vermeidbaren Schäden zu bewahren. Gegen diese Pflicht hat die Lehrkraft durch die Verwendung einer ungeeigneten Folie verstoßen, das Land muss daher den Schaden der Lehrkräfte gegenüber geltend machen und den geleisteten Schadenersatz an den Schulträger weiterleiten. Die Schulsekretärin bzw. der Schulsekretär hat hier mit dem defekten Kopierer nichts zu tun.

Zusammenfassung

Sie als Schulsekretär(in) sind nicht verantwortlich, wenn Sie Lehrkräften auf deren Wunsch hin Materialien aushändigen und es geht wegen falsch ausgegebener Materialien etwas kaputt. Es ist immer der direkte Anwender Schuld. Denken Sie in diesem Zusammenhang auch an einen an den Referendar ausgegebenen Schulschlüssel. Wenn dieser mit dem Schulschlüssel „Unfug“ treibt, ist er der Anwender und nicht die ausgebende Schulsekretärin bzw. der ausgebende Schulsekretär!

? Muss ich als Schulsekretär(in) Bargeldsammlungen der Lehrkräfte (z. B. Klassenkassensammlungen, etc.) entgegennehmen und verwalten?

Nein, dies ist eindeutig eine Aufgabe der Lehrkräfte. Bereits die KGSt formulierte dies im „Negativkatalog" 1991, der dem aktuellsten Gutachten der KGSt von 2014 auch anhängig ist. Ebenso wenig ist es die Aufgabe des Schulsekretariats Mithilfe bei der Durchführung von Spendenaktionen der Lehrkräfte (Schulkinder) zu leisten oder dieses Geld gar zu verwalten. Auch die Zuschuss-Beantragung oder die Abrechnung von Studienfahrten bzw. Wanderfahrten sowie die Preisumfragen hierzu sind ebenso wenig die Aufgabe der Schulsekretärin bzw. des Schulsekretärs, wie die Abrechnung von Fahrt- und Unterkunftskosten oder Reisekostenabrechnungen der Lehrkräfte vorzunehmen. (Für die Abrechnung von Dienstreisen bzw. Dienstgängen ist nach dem Bundesreisekostengesetz jeder Bedienstete eigenverantwortlich zuständig.)

Anders jedoch verhält es sich bei Geldsammlungen, die für den Schulträger (also meist dem eigenen Vorgesetzten) durchzuführen sind. Als Beispiel: Die Schüler(innen) können in der schuleigenen Cafeteria Mittagessen zu sich nehmen. Das Essen wird vom Schulträger organisiert. Für das Essen gibt es Essensmarken, die im Schulsekretariat gekauft werden können. Hier liegt eine Aufgabe der äußeren Schulangelegenheit – also Trägeraufgabe – vor. Hier kann der Träger diese Geldsammlung, das Entgegennehmen von Bargeld durch seine Mitarbeiterinnen im Schulsekretariat veranlassen.

? Ich habe bei Dienstantritt einen Schulschlüssel erhalten, der Zugriff auf Eingangstüren, Sporthalle, Fachräume, etc. ermöglicht. Hier habe ich bei Aushändigung des Schlüssels bzw. Dienstbeginn bei meinem Schulträger ein Formblatt zum Umgang mit dem Schulschlüssel (Sorgfaltspflichten) erhalten. Wie bin ich nun als Schulsekretär(in) haftbar, wenn ich diesen Schlüssel verlieren sollte bzw. mir dieser abhanden kommt?

Es passiert immer mal wieder: Der einer Schulsachbearbeiterin anvertraute Schulschlüssel ist weg, verloren gegangen oder gar gestohlen, und der Schulträger muss einzelne Schlösser, bei Verlust von Generalschlüsseln sogar das gesamte Schließsystem der Schule austauschen. Gerade im letzteren Fall entstehen hohe Kosten im bis zu fünfstelligen Bereich, die der Schulträger dann versucht, sich von seinem Mitarbeiter erstatten zu lassen. Die Frage ist daher, wann ein(e) Schulsekretär(in) tatsächlich zum Schadenersatz verpflichtet ist. Ein(e) Schulsekretär(in) kann dann persönlich in Anspruch genommen werden, wenn sie entweder vorsätzlich oder zumindest grob fahrlässig gegen eine ihr obliegende Pflicht verstoßen hat. Entscheidend ist demnach, welcher Verschuldensgrad der Sekretärin bzw. dem Sekretär im Zusammenhang mit dem Abhandenkommen des Schlüssels vorzuwerfen ist (wobei der „vorsätzliche Verlust" eines Schlüssels in der Praxis naturgemäß keine Rolle spielt). Grob fahrlässig handelt nach der Rechtsprechung, wer die im Verkehr erforderliche Sorgfalt in ungewöhnlich grobem Maße verletzt und die einfachsten und ganz naheliegenden Erwägungen, die zu einer Vermeidung der Schädigung geführt hätten, nicht anstellt. Nur „normale" Fahrlässigkeit, die nicht zu einer Haftung der Sekretärin bzw. des Sekretärs führt, ist hingegen gegeben, wenn die Schulsekretärin bzw. der Schulsekretär (lediglich) die im Verkehr erforderliche Sorgfalt außer Acht lässt (§ 276 BGB). Ob anhand dieser allgemeinen Definitionen eine zum Schadenersatz verpflichtende grobe Fahrlässigkeit der Sekretärin bzw. des Sekretärs vorliegt oder nicht, ist stets von allen Umständen des Einzelfalls abhängig, sodass die im Anhang zitierten Urteile keinesfalls unbesehen auf ähnliche oder vergleichbare Sachverhalte übertragen werden, sondern allenfalls einer ersten Einschätzung dienen können. Grundsätzlich gilt allerdings, dass, insbesondere bei der Überlassung von Generalschlüsseln für die gesamte Schließanlage einer Schule, die Schulsekretärin bzw. der Schulsekretär und die Lehrkräfte gesteigerte Sorgfaltspflichten treffen und speziell bei einem Verstoß gegen eventuell vorhandene Dienstanweisungen zum Umgang mit Schulschlüsseln damit gerechnet werden muss, dass der Sekretärin bzw. dem Sekretär eine grob fahrlässige Pflichtverletzung vorgeworfen werden kann.

Zusammenfassung

Bei Vorsatz und grober Fahrlässigkeit kann der Schulsekretärin bzw. dem Schulsekretär der Austausch der Schließanlage in Rechnung gestellt werden.

Tipp

- Führen Sie bei jeder Ausgabe Ihres eigenen, von Ihnen als Schulsekretär(in) auch gegengezeichneten Schulschlüssels ein Schlüsselübergabeprotokoll (ja, bei **jeder** Schlüsselausgabe – selbst wenn es „nur mal eben 5 Minuten sind" und wenn Sie den Schlüssel einer Lehrkraft oder einer Referendarin bzw. einem Referendar o. ä. leihen!) Wie im Kopiererfall, ist immer der Anwender Schuld. Weisen Sie daher nach, dass, wenn ein fehlerhaftes Verhalten mit Ihrem Schlüssel praktiziert wurde, dies nicht Ihr Verschulden war.
- Schulschlüssel immer getrennt vom eigenen Schlüsselbund aufbewahren! Hier gibt es zahlreiche Fälle und Urteile, bei denen der Schulschlüssel im privaten Bereich der Sekretärin bzw. des Sekretärs oder der Lehrkraft abhanden kam und diese hierfür regresspflichtig wurden.
- Weg mit Schulschlüsseln von Pinnwänden, offenen Schlüsselschränken etc. im Schulsekretariat! Bei einer Schule mit 600 Schulkindern ist dies logischerweise mehr als grob fahrlässig, da das Sekretariat durchaus mal unbesetzt offen stehen kann (Boten-,

Toilettengang der Sekretärin bzw. des Sekretärs o. ä.) und somit hunderten von Schüler(inne)n plötzlich durch die Benutzung eines Generalschlüssels Zugang zu gefahrenträchtigen Orten und Räumen gewährt wird, wie Chemiesälen, Sporthallen o. ä.!

Zur Veranschaulichung und zum Vergleich dienen nachfolgende schulrechtliche Gerichtsentscheidungen im Umgang mit Schulschlüsseln für Lehrkräfte.

Schadenersatzpflicht bejaht

OLG Naumburg, Urteil vom 09.06.1996, Az.: 6 U 41/96
Das Gericht hielt es für grob fahrlässig, dass der Lehrer den ihm anvertrauten Schulschlüssel der Generalhauptschließanlage in seiner Jogginghose und diese wiederum in einem nicht verschlossenen Umkleideraum der zur Schule gehörenden Sporthalle zurückließ.

VG Lüneburg, Urteil vom 25.08.2004, Az.: 1 A 244/04
Eine Lehrerin stellte ihren PKW mit geöffnetem Faltdach abends gegen 20.00 Uhr auf einem Parkstreifen ab und entfernte sich für 10 Minuten von ihrem Fahrzeug. Sie ließ zwei Schulschlüssel in ihrer Handtasche zurück, die auf dem Beifahrersitz zwischen Büchern lag und gestohlen wurde. Das Gericht sah grobe Fahrlässigkeit gegeben und bejahte eine Haftung der Lehrerin für Austauschkosten in Höhe von rund 15.000 Euro.

VG Lüneburg, Urteil vom 20.06.2007, Az.: 1 A 253/05
Eine Lehrerin hatte mit ihrem Generalschulschlüssel die Tür zur Turnhalle aufgeschlossen und den Schlüssel stecken lassen. Sie wollte die Tür später wieder zuschließen. Das VG Lüneburg hielt es für grob fahrlässig, den Generalschlüssel auch nur eine halbe Stunde lang unbeaufsichtigt in der Tür stecken zu lassen.

VG Hannover, Urteil vom 25.01.2008, Az.: 2 A 8123/06
Das Gericht bejahte grobe Fahrlässigkeit einer Lehrerin, die den Schulschlüssel ohne weitere Vorkehrungen auf eine Bank in der Turnhalle der Schule gelegt und anschließend vergessen hatte.

VG Gelsenkirchen, Urteil vom 13.12.2011, Az.: 12 K 1876/06
Einem an einer Fachhochschule als Professor Beschäftigten waren im Jahre 2001 Generalschlüssel für die Fachhochschule ausgehändigt worden, über die Sorgfaltsanforderungen im Umgang mit Dienstschlüsseln wurde er durch ein Hinweisblatt informiert. Zwischen Frühjahr 2005 und 2007 kam einer der Generalschlüssel auf nicht mehr aufklärbare Weise abhanden.
Das Gericht bejahte grobe Fahrlässigkeit bereits deswegen, da der Dozent sich nicht fortlaufend darüber vergewissert habe, dass er noch im Besitz der Schlüssel sei.

VG Augsburg, Urteil vom 30.08.2012, Az.: Au 2 K 11.1231
Eine Lehrerin verwahrte den Generalschlüssel der Schule während des Sportunterrichts in ihrer Jackentasche, legte den Schlüssel aber, wenn sie Übungen vorturnen musste, auf einer Bank ab und vergaß ihn dort nach der Schulstunde.
Das Verwaltungsgericht erachtete bereits das Ablegen des Generalschlüssel auf der Bank für grob fahrlässig, da es sich bei diesem um einen besonderen Wertgegenstand handele.
Der Bayerische Verwaltungsgerichtshof hat allerdings mit Beschluss vom 21.01.2014, Az.: 3 ZB 12.2132, die Berufung gegen das Urteil zugelassen, da seiner Auffassung nach ernstliche Zweifel an der Richtigkeit des Urteils bestehen.

Schadenersatzpflicht verneint
VG Köln, Urteil vom 29.07.2003, Az.: 7 K 4528/00
Eine Referendarin legte ihren Teilgeneralschlüssel, den sie normalerweise an einem Karabinerhaken an der Gürtelschlaufe trug und der während des Musizierens hinderlich war, während einer Bandprobe für anstehende Schulfeierlichkeiten auf den Boden und verließ später kurzzeitig den Musikraum, um in ihrem nahegelegenen Klassenraum einen Streit zu schlichten. Nach ihrer Rückkehr war der Schlüssel verschwunden.
Das Gericht verneinte eine grobe Fahrlässigkeit, da es sich wegen der mit der Probe verbundenen Hektik, der Vielzahl der Schüler etc. um

eine vom normalen Schulalltag abweichende Ausnahmesituation gehandelt habe.

VG Lüneburg, Urteil vom 25.08.2004, Az.: 1 A 253/02
Keine grobe Fahrlässigkeit einer Lehrerin, die den Schulschlüssel in einer Tasche in den uneinsehbaren Kofferraum ihres Fahrzeugs legte und nach der Schule in ein Parkhaus fuhr, wo der PKW aufgebrochen wurde.

Schleswig-Holsteinisches VG, Urteil vom 18.06.2008, Az.: 9 A 38/07
Das Gericht sah keine grobe Fahrlässigkeit darin, dass der Lehrer den Generalschlüssel verlor, den er zusammen mit zwei weiteren Schlüsseln an einem Schlüsselring in der Hosentasche mit sich getragen hatte.

VG Trier, Urteil vom 11.10.2011, Az.: 1 K 842/11.TR
Eine Lehrerin hatte ihren Generalschulschlüssel in ihrem „schlichten" Rucksack und diesen, von außen schwer einsehbar, in ihrem Auto im Fußraum des Beifahrersitzes zurückgelassen. Der Pkw, den sie für ein bis zwei Stunden auf einem öffentlichen Parkplatz abgestellt hatte, wurde aufgebrochen und der Schlüssel gestohlen.
Das Gericht hielt das Verhalten der Lehrerin nicht für grob fahrlässig und sah diese nicht verpflichtet, die Kosten für die neue Schließanlage in Höhe von rund 18.000 Euro zu bezahlen.

OVG Lüneburg, Beschluss vom 26.04.2013, Az.: 5 LA 11/12
Ein Lehrer ließ seinen Schulschlüssel während einer Unterrichtsstunde im Schloss der geöffneten Tür des Nachbarraums zu seinem ebenfalls geöffneten Klassenraum stecken. Während der folgenden fünf Minuten hielt er sich abwechselnd in den beiden Räumen auf; seinen Schlüssel hatte der Lehrer dabei nicht stets im Blick. In dieser Zeit wurde der Schlüssel gestohlen.
Das Oberverwaltungsgericht bejahte zwar eine Sorgfaltspflichtverletzung des Lehrers, verneinte aber grobe Fahrlässigkeit.

? Ich nehme immer mein eigenes Handy mit zur Schule. Da ich nach der Arbeit im Schulsekretariat auch noch einen Abendkurs besuche habe ich auch manchmal meinen privaten Laptop im Schulsekretariat mit dabei. Wie sind eigentlich meine privaten Gegenstände in der Schule als Sekretär(in) versichert?

Der Dienstherr haftet nur für Gegenstände, die für die Wahrnehmung des Dienstes unbedingt notwendig sind und üblicherweise während dieser Zeit mitgeführt werden, wie z. B. Kleidungsstücke (Regenmantel, etc.). Nach geltender Rechtsprechung trifft dies allerdings auf ein privates Handy nicht zu. Es werde üblicherweise nicht bei der eigentlichen Wahrnehmung des Dienstes (Schreibarbeiten im Schulbüro, etc.) mitgeführt.

Geschützt sind nur Gegenstände, die im Dienst oder zur Ausübung oder zur Ausübung des Dienstes benötigt werden und an denen ein objektiver Bedarf bestehe. Da etwa ein Diensttelefon in unmittelbarer Nähe direkt am Arbeitsplatz im Schulsekretariat vorhanden ist, ist der Einsatz eines privat genutzten Telefons nicht notwendig und der Ersatz ausgeschlossen. Gleiches gilt für den privaten Laptop o. ä.

? Mein Schulleitung, die ja mir gegenüber vor Ort in der Schule weisungsbefugt ist, bittet mich, nach Dienstende Post auf meinem Heimweg wegzubringen. Eine Lehrkraft bittet mich, für die Bewirtung von Referendaren bei Prüfungen belegte Brötchen während meiner Arbeitszeit zu kaufen. Hierfür benutze ich meinen privaten Pkw. Wie bin ich auf diesen Wegen versichert? Sind dies Dienstfahrten?

Nach der ständigen Rechtsprechung des Bundesarbeitsgerichts (BAG DAR 2011, 1585) trägt der kommunale Arbeitgeber beim Einsatz des Privatwagens grundsätzlich das Unfallrisiko, wenn der Arbeitnehmer seinen privaten Pkw auf einer vorher schriftlich angeordneten Dienstfahrt mit Genehmigung und Weisung des Arbeitgebers ohne besondere Vergütung im Betätigungsbereich des Arbeitgebers benutzt. Der Arbeitnehmer hat dann gegen den Arbeitgeber einen Ersatzanspruch für alle Schäden beim Einsetzen des Privatwagens, soweit diese auf der vorher schriftlich angeordneten Dienstfahrt entstanden sind.

Ein Ersatzanspruch des Arbeitnehmers besteht nicht, soweit eine vom Arbeitgeber gewährte Auslagenpauschale das Schadenrisiko mit abdeckt. Ist die gewährte Auslagenpauschale nicht höher als die steuerfrei zulässige Kilometerpauschale, dann ist davon auszugehen, dass lediglich das Haftpflichtrisiko des Arbeitnehmers abgedeckt ist, da die steuerlich vorgegebenen Kostenpauschalen die Kosten der Kfz-Haftpflichtversicherung einschließen (DAR 1993, 27 m. Anm. Jung).

Der nach § 670 BGB bestehende Aufwendungsersatzanspruch des Arbeitnehmers erstreckt sich in diesen Fällen – vorbehaltlich einer anderslautenden arbeitsvertraglichen Regelung – nicht auf den Verlust des Schadenfreiheitsrabattes in der Kfz-Haftpflichtversicherung (vgl. BAG NZA 1993, 262). Der Arbeitnehmer hat keinen Ersatzanspruch gegenüber dem Arbeitgeber auf Ausgleich des Fahrzeugschadens, wenn dieser dem Arbeitnehmer neben der Kilometerpauschale eine zusätzliche Kfz-Pauschale gewährt, die zur Finanzierung einer Vollkaskoversicherung verwandt werden kann und somit den Fahrzeugschaden abdeckt (LAG Baden-Württemberg NZA 1992, 458).

Anders sieht es aus, wenn Sie an einem Tag als „Springer-" oder „Pendlerschulsekretärin" z. B. zwei Schulen betreuen. Hier hat Ihr Arbeitgeber es billigend in Kauf genommen, dass Sie ja diese Wegstrecken vollziehen müssen.

Zusammenfassung

Die Schulleitung ist Ihnen gegenüber zwar weisungsbefugt, jedoch müssen sich nach geltender Rechtsprechung diese Weisungen immer im Rahmen des Arbeitsvertrags bewegen. Wenn ein Schulträger Ihnen die Nutzung Ihres privaten Pkw für Dienstreisen oder Dienstfahrten verbietet, kann die Schulleitung Ihnen nicht sagen, Sie „müssen" die Post mit Ihrem Fahrzeug wegbringen. Versichert ist lediglich die Fahrt mit Ihrem privaten Pkw von zu Hause zu Ihrem Arbeitsplatz Schule. Abweichungen, auch wenn dies die Schulleitung anordnet, sind ohne Rücksprache mit Ihrem Träger (Haupt- und Personalamt) keine Dienstfahrt.

Tipp

- Schreiben Sie eine Mail an Ihren Schulträger, in der Sie aufzeigen, dass Sie für nachfolgende Anweisungen der Schulleitung während Ihrer Arbeitszeit Ihren Privat-Pkw benutzen (z. B. Post wegbringen, Briefmarken kaufen, etc.) und bitten Sie Ihren Schulträger, dies als angeordnete Dienstfahrt anzuerkennen! Etwa: „Sehr geehrte Kolleginnen, sehr geehrte Kollegen, ich benutze für dienstliche Zwecke des Öfteren meinen privaten Pkw. Diese Dienstfahrten werden mir von der Schulleitung als Weisung aufgetragen. Diese Tätigkeiten sind im Folgenden (Achtung: hier alle Fahrten angeben!): ... Ich bitte Sie daher, mir diese von der Schulleitung angeordneten Fahrten, die ich mit meinem privaten Pkw zurücklege, als Dienstfahrten anzuerkennen. Freundliche Grüße".

? In unserer Schule herrscht ein generelles „Handyverbot". Wenn Kinder dennoch Handys mit sich führen, damit spielen oder während des Unterrichts stören, werden diese von den Lehrkräften weggenommen und bei mir im Sekretariat gelagert. Ich habe immer wieder als Schulsekretär(in) die Sorge, dass ich für Beschädigungen oder Verlust, dieser bei mir in meinem Raum gelagerten Handys, haftbar gemacht werden kann. Wie ist hier die Rechtslage?

Zunächst: Auch ein sogenanntes „Handyverbot" greift in die allgemeine Handlungsfreiheit der Schüler(innen) ein. Es kann den Schüler(inne)n nicht verboten werden, ein Handy mit zur Schule zu bringen, Störungen des Unterrichts oder anderer schulischer Veranstaltungen dürfen lediglich durch ein Verbot des Einschaltens abgewehrt werden. Aufgrund der im BGB beschriebenen Trennung zwischen „Eigentum“ und „Besitz“ und der Definition hiervon führt die Abnahme von Handys in der Schule vor Gerichten immer wieder zu Streitpunkten zwischen Schüler(innen)-/Elternseite und Lehrkräften/Schulleitungen.

Dürfen Schulen Handys denn nun generell verbieten?

Nicht die Handys, nur die Benutzung. Was Schulen verbieten dürfen, wird in den Schulordnungen der Bundesländer geregelt. Deshalb können sich die Regeln für die Handynutzung je nach Bundesland und teilweise von Schule zu Schule unterscheiden. Ein generelles Verbot von Handys ist in keinem Bundesland vorgesehen – das wäre rechtlich auch nur schwer haltbar. „Es kann immer Situationen geben, die eine Benutzung des Handys rechtfertigen“, sagt Rechtsanwalt Dr. Matthias Ruckdäschel vom Deutschen Anwaltverein (DAV).

Manche Bundesländer schränken die Benutzung von Handys durch Schüler(innen) aber sehr stark ein. So schreibt beispielsweise das Bayerische Gesetz über das Erziehungs- und Unterrichtswesen vor, dass „Mobiltelefone und sonstige digitale Speichermedien“ auf dem Schulgelände ausgeschaltet werden müssen. Das heißt: Schüler (innen) dürfen ihr Handy zwar dabeihaben, aber nicht einschalten.

Auch wenn die Vorschriften zur Handynutzung nicht überall so streng sind: Die Benutzung des Handys im Unterricht ist in den meisten Schulen verboten.

Besondere Vorsicht gilt bei Klassenarbeiten, Klausuren und anderen Prüfungen: Weil sich mit modernen Smartphones so leicht spicken lässt, kann hier jede Benutzung des Handys als Täuschungsversuch gewertet werden. Das hat das Verwaltungsgerichts Karlsruhe mit einer Entscheidung bestätigt (AZ: 7 K 3433/10).

Ein Handy darf dann einbehalten werden, wenn damit bei einer Prüfung getäuscht werden kann, der Unterricht (bzw. der Schulbetrieb) gestört wird, beispielsweise weil während des Unterrichts gesimst oder telefoniert wird. Auch das Filmen mit dem Handy ist natürlich unzulässig. In diesen Fällen kann die Lehrkraft das Handy an sich nehmen und es verwahren. Die Lehrkraft darf die auf dem Handy gespeicherten Daten wie Telefonnummern, Bilder, Videos, SMS an aber nicht ansehen. Auch bei dem Verdacht einer Straftat (z. B. selbstgedrehte Gewaltvideos) darf die Lehrkraft nicht eigenmächtig das Mobiltelefon untersuchen. Dies kann allenfalls die Polizei nach richterlicher Anordnung.

Solange das Handy allerdings ausgeschaltet und in der Tasche verstaut ist, kann es nicht einbehalten werden, da es in solchen Fällen nicht schulordnungswidrig ist. Selbst wenn in den Schulgesetzen bzw. der Hausordnung der Schule ein generelles „Verbot" geregelt ist, so ist dies nach zahlreichen Urteilen oft sachlich gar nicht zulässig. Denn das generelle Mitführen eines Handys zu verbieten, ist rechtlich problematisch. Anders als eine Waffe ist es ja kein gefährlicher Gegenstand, sondern in unserer Gesellschaft ein gängiges Kommunikationsmittel. Außerdem können die Eltern und Schüler(innen) auch ein Interesse daran haben, sich jedenfalls vor Schulbeginn, in den Pausen oder nach der Schule zu erreichen. Die Frage, wie lange das Handy einbehalten werden darf, ist eine Frage nach der Verhältnismäßigkeit dieser Maßnahme. In der Regel muss das Handy spätestens am Ende des Schultages herausgegeben werden. So weit die zusammengefasste Rechtslage. Und nun zum Schulsekretariat: Zunächst ist die Wegnahme des schülereigenen Handys eine pädagogische Maßnahme, also auch die Lehrkraft dafür verantwortlich. Hinterlegt die Lehrkraft dieses Handy dann im Anschluss im Schulsekretariat, ist die Sekretärin bzw. der Sekretär nun die Besitzerin des Handys (Eigentümer bleibt hier immer noch die Schülerin bzw. der Schüler selbst). Und hier beginnt das Problem und häufen sich weitere rechtliche Fragestellungen: Was, wenn das Handy im Sekretariat gestohlen oder beschädigt wird? Was, wenn die Eltern des Kindes per Anwalt die sofortige Herausgabe des Handys durch das Schulsekretariat verlangen?

Um die Komplexität dieser rechtlichen Grauzonen zu umgehen, sagen die Personalverantwortlichen der Schulen zu Recht: Das Schulsekretariat ist kein geeigneter Ort für die Entgegennahme von Wertgegenständen! Für Fundsachen ist z. B. der Hausmeister zuständig, aber nicht das Schulsekretariat! Auch die KGSt zieht eine klare Trennlinie zwischen den pädagogischen Aufgaben der Lehrkräfte (die Wegnahme eines Handys ist eine disziplinarische, also pädagogische Aufgabe!) und den klassischen Verwaltungsaufgaben der beim Schulträger beschäftigten Schulsekretärinnen und Schulsekretäre.

Zusammenfassung

Eine gesetzliche, insbesondere schulgesetzliche Grundlage für ein Handyverbot gibt es nicht. Die Frage, ob Handys im Einzelfall abgenommen werden dürfen, bestimmt sich nach allgemeinen Regeln – beispielsweise als erzieherische Maßnahme, wenn jemand das Handy unbefugt verwendet.

Was im Einzelfall verboten ist, bestimmt nach alledem die Schule selbst – allerdings in verhältnismäßigem Rahmen: Das Mitbringen von Handys ist nicht verboten. Die Verwendung des Handys während der Schulzeit kann allerdings verboten werden.

Für den Notfall muss aber die Benutzung des Handys zugelassen werden (etwa wenn Schulstunden ausfallen und die Schülerin bzw. der Schüler früher heimkommt).

Und wenn das Handy weggenommen wurde, muss es am Ende des Schultages auch zurückgegeben werden. Dafür muss man keine Rechtsgrundlage suchen, warum man das Handy zurückerhält. Vielmehr bräuchte die Schule eine Rechtsgrundlage, wenn sie das Handy auch außerhalb der Schulzeit einbehalten möchte.

Das Schulsekretariat ist kein geeigneter Ort für die Aufbewahrung von Wertgegenständen der Schüler(innen), daher ist die Entgegennahme eines Schülerhandys durch das Schulsekretariat abzulehnen.

Tipp

- Besprechen Sie mit Ihrer Schulleitung die rechtliche Grauzone „Handyabnahme“!
- Machen Sie dem Schulleitungsteam deutlich, dass die Wegnahme des Handys eine erzieherische, also eine Aufgabe der Lehrkräfte ist.

- Lehnen Sie die Entgegennahme von Schülerhandys an Sie als Schulsekretär(in) entschieden ab!
- Sollten sich Lehrkräfte und Schulleitung weigern, Ihren Wünschen nachzukommen, verwenden Sie das im Anhang befindliche Formblatt „Entgegennahme von Handys" und lassen Sie sich dies von Schulleitung bzw. Lehrkraft unterschreiben!

? Bei der Erkrankung von Kindern während des laufenden Schulbetriebs stellen sich für das Schulsekretariat immer wieder folgende Fragen: Darf ich als Schulsekretär(in) ein Kind mit dem privaten Pkw zum Arzt oder ins Krankenhaus bringen? Die Lehrkraft darf ja ihre aktuell zu unterrichtende Klasse auch nicht alleine lassen, oder? Wer ruft überhaupt einen Krankenwagen? Wie hafte ich als Schulsekretär(in), wenn ich ein Kind mit meinem privaten Pkw zum Arzt oder ins Krankenhaus bringe?

Die für die Erste Hilfe verantwortliche Lehrkraft entscheidet alleine, abhängig vom Einzelfall, welches Transportmittel sie für den in ihrer Obhut befindliche(n) Schüler(in) einsetzen wird: Entweder Krankenwagen, Notarztwagen, Taxi, Anruf bei der Rettungsleitstelle oder Rettungshubschrauber. Eine generelle Anordnung, bei jedem Schulunfall grundsätzlich einen Krankenwagen zu bestellen und verletzte Schüler(innen) immer ins Krankenhaus zu transportieren, überschreitet den Rahmen des juristisch vertretbaren. Vielmehr sind die Eltern auf ihre Fürsorge- und Aufsichtspflicht nach dem BGB hinzuweisen. Die Art der Verletzungen, der Zustand der verletzten Schülerin bzw. des verletzten Schülers, die örtlichen Verhältnisse und die Entfernung zum nächstmöglichen Arzt sind bei der Auswahl des Transportmittels durch die Lehrkraft entscheidend. Auch während des Transports besteht die uneingeschränkte Aufsichtspflicht der Schule! Daher muss die Lehrkraft die Schülerin bzw. den Schüler in der Regel zum Arzt oder ins Krankenhaus begleiten! Je nach Art der Verletzung und dem Zustand der verletzten Schülerin bzw. des verletzten Schülers kann ab Klassenstufe 8 im Einzelfall dafür auch ein(e) geeignete(r) Mitschüler(in) ausgewählt werden. Die Verantwortung der Schule bleibt jedoch weiterhin voll juristisch bestehen. Im Krankenhaus oder beim Arzt darf sich die begleitende Lehrkraft bei Kindern bis zur Klassenstufe 8 erst dann entfernen, wenn die Erziehungsberechtigten eingetroffen sind (bis zu 24 Stunden). Erscheinen die Eltern nicht, ist das Kind seitens der Lehrkraft in die Obhut des Jugendamtes zu übergeben.

Kinder und Beschäftigte in der Schule sind bei einem Wegeunfall gesetzlich unfallversichert. Dazu zählen auch die Wege von und zur Schule. Zu beachten ist aber: Die gesetzliche Unfallversicherung deckt immer nur Personenschäden ab! Dies umfasst Heilbehandlungskosten, Rentenzahlungen bei dauerhaften Verletzungsfolgen sowie Rentenzahlungen an Hinterbliebene. Sachschäden sind in der gesetzlichen Unfallversicherung hingegen nicht versichert. Vielmehr gelten bei einem Unfall die allgemeinen Grundsätze der KFZ-Haftpflichtversicherung, also:

» Erster Fall: Die Gegenseite hat Schuld. Der Schaden an ihrem Fahrzeug wird von der Versicherung des Unfallgegners reguliert.

» Zweiter Fall: Sie haben Schuld und sind vollkaskoversichert: Sämtliche Sachschäden werden von Ihrer Versicherung reguliert. Sie selbst tragen Ihre eventuelle Selbstbeteiligung und die Mehrkosten aufgrund der Höherstufung in der Versicherung.

» Dritter Fall: Sie haben Schuld und sind teilkaskoversichert. Ihre Versicherung reguliert nur den Schaden Ihres Unfallgegners. Den Sachschaden am eigenen Auto tragen Sie selbst. Hinzu kommt noch die Höherstufung in der Versicherung.

Bevor Sie Ihr Auto daher für einen solch riskanten Krankentransport zur Verfügung stellen, sollten Sie als Schulsekretär(in) folgende Punkte abklären:

» Erstens: Was sagt Ihr Arbeitsvertrag? In den Arbeitsverträgen der meisten Schulträger ist der Transport von Kindern aus Ihrer Schule in Ihrem privaten Pkw ausdrücklich verboten. Prüfen Sie daher unbedingt, ob dies auch auf Ihren Arbeitsvertrag zutrifft. Verstoßen Sie gegen dieses Verbot, führt dies zwar nicht zum Wegfall des Versicherungsschutzes für Sie und die Kinder aus der gesetzlichen Unfallversicherung und der KFZ-Haftpflichtversicherung. Es werden sich aber mit Sicherheit arbeitsrechtliche Konsequenzen wie z. B. eine Abmahnung oder Schlimmeres für Sie ergeben.

» Zweitens: Was besagt Ihr KFZ-Versicherungsvertrag? Ihr Versicherungsvertrag gibt Ihnen Auskunft darüber, ob Sie im Schadensfall auf einem Vermögensschaden sitzen bleiben, weil Ihr Pkw nur teilkaskoversichert ist. In diesem Fall sollten Sie von einer Beförderung ohnehin grundsätzlich absehen. Aber auch bei einer Vollkaskoversicherung sollten Sie sich eine Kinderbeförderung wegen der selbst dann noch bestehenden oder beschriebenen Nachteile gut überlegen. Ansonsten kann der schöne „Ausflug“ teure und langwierige Konsequenzen haben!

» Drittens: Sie brauchen die Einverständniserklärung der Eltern. Unabhängig von der versicherungsrechtlichen Fragestellung eines solchen Falls ist eine Mitnahme des Kindes nicht vom Schul-Betreuungsvertrag der Eltern mit der Schule abgedeckt und gilt als „Extra“. Das bedeutet: Sie müssen hierfür in jedem Fall das Einverständnis der Eltern einholen. Manche Eltern haben prinzipiell etwas dagegen, dass Ihr Kind in einem fremden Auto mitfährt. Das Einverständnis sollten Sie sich unbedingt schriftlich geben lassen und zu Ihren Unterlagen nehmen!

» Viertens: Während der Fahrt ist besondere Vorsicht geboten. Wenn Sie Kinder transportieren, müssen Sie es vorschriftsmäßig tun. Ansonsten wird die gesetzliche Unfallversicherung zwar für die Heilbehandlungskosten und sonstigen Folgekosten wie Reha-Maßnahmen, Hilfsmittel, etc. aufkommen, Sie aber nachfolgend in Regress nehmen. Für so manchen Unfallverursacher bedeutete dies schon der finanzielle Ruin! Sie dürfen sich daher während der Fahrt nicht grob fahrlässig verhalten, also etwa bei Rot über eine Ampel fahren, zu schnell fahren oder gar Restalkohol von der Familienfeier am vorausgegangenen Abend im Blut haben. Weiterhin müssen Sie das Kind vorschriftsmäßig sichern, das bedeutet: Das Kind sitzt korrekt angeschnallt auf einem für die jeweilige Alters- und Gewichtsklasse zugelassenen Kindersitz und der Kindersitz selbst ist korrekt und vorschriftsmäßig montiert.

Und nun zum Argument der Lehrkräfte: „Ich darf doch die Klasse nicht alleine lassen! Geh ins Sekretariat ...“. Hier dient als Exkurs zur Veranschaulichung und Klärung folgender Fall (Böhm: Aufsicht und Haftung in der Schule, S. 31, RdNr. 45):

Während des Unterrichtes äußert eine Schülerin einer 6. Klasse plötzlich, ihr sei schlecht und schwindelig. Die Schülerin ist plötzlich sehr bleich geworden, und hat Mühe, von ihrem Platz aufzustehen. Die Lehrerin entschließt sich, die Schülerin selbst in das Schulsekretariat zu begleiten, um einen Notarzt zu rufen, da sie einen Kreislaufzusammenbruch oder eine Anfallserkrankung für möglich hält und fürchtet, begleitende Mitschüler(innen) könnten mit der Situation überfordert sein. Während ihrer Abwesenheit spielen die Schüler(innen) der Klasse an der Tür des Klassenzimmers. Als ein Schüler die Tür plötzlich zuschlägt, wird einem anderen die Fingerkuppe abgetrennt. Der Notarzt stellt bei der Schülerin eine harmlose Kreislaufschwäche fest.

In diesem Fall waren juristisch zwei Gefahren abzuwenden: die möglicherweise ernsthaft erkrankte Schülerin musste ärztlich behandelt werden und die Klasse musste beaufsichtigt werden. Man spricht hier juristisch von einem „determinierten Zielkonflikt“. Die Lehrerin hat die der Schülerin drohende Gefahr als akuter und größer eingeschätzt und sich um eine Abwendung dieser Gefahr bemüht. Sie hat dabei angesichts der in der gegebenen Situation erkennbaren Gefahren richtig gehandelt. Die Tatsache, dass sich die Annahme, der Schülerin drohe eine akute Gefahr, im Nachhinein als falsch erwiesen hat, ist unbeachtlich, da es für die Beurteilung von Aufsichtssituationen nicht auf den Kenntnisstand zu einem späteren Zeitpunkt sondern ausschließlich auf die in der Entscheidungssituation erkennbaren Gefahren und angesichts der Unmöglichkeit, beide Gefahren abzuwehren, auf die Entscheidung für die Abwehr der vermutlich größeren Gefahr ankommt.

Das heißt: Also auch das Argument der Lehrkräfte („Ich darf doch die Klasse nicht alleine lassen! Geh ins Sekretariat, die werden dich ins Krankenhaus begleitet!“) zieht juristisch nicht.

Tipp

- Klären Sie die Frage, ob Ihr Schulträger die Fahrt mit Schulkindern laut Ihrem Arbeitsvertrag erlaubt oder verbietet!
- Sie brauchen die Einverständniserklärung der Eltern! Fehlt eine generelle Einverständniserklärung der Eltern, müssen Sie diese im Einzelfall schriftlich von den Eltern vorher einfordern!
- Die Beförderung von Kindern Ihrer Schule mit dem eigenen privaten Pkw, ist ein riskantes Unterfangen, von dem aus juristischer Sicht eher abzuraten ist!
- Niemals dürfen Sie ein Schulkind in einem echten Notfall transportieren, also etwa ins Krankenhaus oder zum Arzt. Durch unsachgemäßen Transport können weitere gesundheitliche Schäden beim Kind verursacht werden, für die Sie dann haftbar zu machen wären. Auch könnte das Kind kollabieren. Sie als Fahrerin wären dann nicht in der Lage, ihm Erste Hilfe zu leisten!
- Lassen Sie sich vom Argument der Lehrkräfte „Ich darf doch die Klasse nicht alleine lassen!“, nicht zu folgenschweren Fahrten treiben. Dieses Argument stimmt juristisch nicht!

? Nicht selten rufen bei uns im Schulsekretariat Verkäuferinnen des ortsansässigen Supermarkts, Besitzer von Schnellimbissen oder Tankstellenverkäufer an und teilen uns mit, dass Kinder unserer Schule dort gerade einkaufen oder „rumlungern“. Dürfen denn generell Schulkinder während Pausen oder Freistunden das Schulgelände verlassen und sind sie dann durch die GUV unfallversichert?

Wege von Schülerinnen und Schülern in den Pausen und Freistunden zur Nahrungsaufnahme außerhalb der Schule sind unfallversichert. Versicherungsschutz besteht auf zeitlich und entfernungsmäßig angemessenen Wegen. Dies gilt unabhängig davon, ob die Schule das Verlassen des Schulgeländes ausdrücklich gestattet, stillschweigend duldet oder strikt verboten hat. Das Essen oder der Einkauf muss durch alsbaldigen Verzehr der Nahrungsmittel dazu bestimmt sein, die Lern- und Konzentrationsfähigkeit der Schüler(innen) zu erhalten. Es spielt überhaupt keine Rolle, ob ein Mittagessen in der Schule angeboten wird oder nicht. Jeder Schülerin und jedem Schüler steht es frei, das Essen an einem persönlich „angenehmen“ Ort einzunehmen.

Ein verbotswidriges Verlassen des Schulhofes aus privaten Gründen ohne Bezug zur Schule, um z. B. eine Jugendzeitschrift zu kaufen oder eine Verabredung für den Nachmittag zu treffen, führt dagegen zum Erlöschen des Versicherungsschutzes.

ZWEITER TEIL

Fragen zur Ersten Hilfe

? Muss ich als Schulsekretär(in) ein Verbandbuch führen? Muss ich hier jedes Pflaster, das ich ausgebe, eintragen?

Unfälle müssen dokumentiert werden. Bei allen Unfällen, bei denen ärztliche Behandlung in Anspruch genommen wird, ist eine Unfallanzeige an die Unfallkasse zu senden. Die Anzeige ist auf dem dafür vorgesehenen Vordruck binnen drei Tagen der Unfallkasse vorzulegen. Alle anderen Unfälle müssen vermerkt werden, z. B. im Verbandbuch oder digital, damit bei Spätfolgen eines nicht durch Unfallanzeige angezeigten Unfalls der schulische Zusammenhang nachgewiesen werden kann. Außerdem wird im Verbandbuch dokumentiert, dass die Schulleitung bzw. die Lehrkräfte ihrer Verpflichtung zur Ersten Hilfe nachgekommen sind (Dokumentationspflicht der Schule). Diese Aufzeichnungen müssen bis fünf Jahre nach der letzten Eintragung aufbewahrt werden. Aus ihnen müssen folgende Angaben hervorgehen:

- Zeit,
- Ort (z. B. Gebäudeteil),
- Hergang des Unfalls,
- Unfallfolgen,
- Zeitpunkt und Art der Erste-Hilfe-Maßnahmen,
- Namen der/des Verletzten,
- Namen der Zeug(inn)en,
- Namen der Personen, die Erste Hilfe leisteten.

Bei Dienstunfällen von Lehrkräften und anderen Landesbediensteten ist immer eine Unfallanzeige an die jeweilige Landesschulbehörde zu erstatten. Bei Angestellten ist zusätzlich eine Unfallanzeige an den Unfallversicherungsträger zu senden.

Diese Aufzeichnungen der erfolgten Erste-Hilfe-Leistungen sind nicht zuletzt auch Informationsquelle für die Erfassung, Untersuchung und Auswertung von nicht meldepflichtigen Arbeitsunfällen im Rahmen der Gefährdungsbeurteilung nach § 5 Arbeitsschutzgesetz. Für das Führen des Verbandbuchs ist die sicherheitsbeauftragte Lehrkraft der Schule, nicht das Schulsekretariat verantwortlich. Dieses muss die Lehrkraft darauf hinweisen, ihre Eintragungen ordnungsgemäß vorzunehmen. Die Dokumentationspflicht ergibt sich für jede

Erste-Hilfe-Maßnahme, daher muss tatsächlich jedes Pflaster eingetragen werden, da dies eine Erste-Hilfe-Maßnahme ist. Auch könnte eine vorher erfolgte Diagnose durch die Lehrkraft falsch und im Anschluss noch eine ärztliche Behandlung notwendig sein. Hier ist es versicherungsrechtlich wichtig, dass der Unfall zum Nachweis eingetragen wurde.

? Darf ich als Schulsekretär(in) Medikamente an Schüler(innen) ausgeben? Darf ich Medikamente bei Schüler(inne)n anwenden?

Zunächst einmal ist es zulässig, dass die Eltern die Schule mit der Medikamentengabe betrauen dürfen. Es besteht aber keine Verpflichtung der Schule, diesem Wunsch der Eltern nachzukommen. Vielmehr handelt es sich um eine individuelle privatrechtliche Vereinbarung zwischen Eltern und Schule. Das Rechtsverhältnis beruht in der Schule auf der Beziehung zwischen Elternhaus und den Lehrkräften. Diese Lehrkräfte haben die juristische Garantenstellung inne, d. h. Eltern geben ihre Kinder juristisch bei den Lehrkräften ab und diese übernehmen die Garantie, dass diesen Kindern in der Zeit des Unterrichts, in den Pausen, im Sport- und Schwimmunterricht sowie sonstigen schulischen Veranstaltungen nichts passiert. Daher ist beispielsweise die Aufsichtspflicht immer an das Lehramt gekoppelt (siehe Böhm, Dr. Thomas: Aufsicht und Haftung in der Schule, S. 7; Köln 2007). Die Garantenstellung gibt es, um Lehrer(innen) zu motivieren Lehrer(innen) zu werden, denn dadurch können sie nur aufgrund Vorsatz oder grober Fahrlässigkeit haftbar gemacht werden. Diese Garantenstellung und auch den Rechtsschutz, der durch die Garantenstellung zuteil wird, haben die Verwaltungsmitarbeiter(innen) des Schulsekretariats nicht. Auch daher lehnen die Schulträger mehrheitlich dringlichst ab, dass das Schulsekretariat Medikamente ausgibt oder schlimmstenfalls gar anwendet. Eine Medikamentengabe darf daher nur – wenn überhaupt – durch Lehrkräfte erfolgen. Eine

Rechtspflicht, Medikamente in der Schule auszugeben, besteht ja ohnehin nicht. Ebenso ist das Schulsekretariat aufgrund der hohen Fluktuation und ständiger Besucher kein geeigneter und sicherer Aufbewahrungsort für Medikamente. Es ist nämlich bereits mehr als grob fahrlässig, Medikamente, die etwa unter das BtMG fallen, in einem solch offenen Raum wie dem Schulsekretariat zu lagern.

Zusammenfassung

- Es besteht keine Pflicht, dass die Schule Medikamente an Schulkinder ausgibt.
- Die Eltern können die Schule mit der Medikamentengabe für ihr Kind betrauen.
- Die Schule kann, sie muss diesem Wunsch aber nicht entsprechen.
- **Es besteht eine besondere Pflicht zur Sorgfalt.**
- **Einzelheiten einer regelmäßigen Medikamentengabe müssen schriftlich geregelt werden.**
- **Eine notfallmäßige Medikamentengabe, bei der es zu lebensbedrohlichen Krankheitsbildern kommen kann, muss vorher detailliert geklärt sein. Ein Notarzt ist immer zu bevorzugen.**
- **Ein(e) Schulsekretär(in) darf keine Medikamente verabreichen.**
- Das Schulsekretariat ist kein sicherer und geeigneter Ort, um Medikamente für Schulkinder zu lagern.

? Muss/darf ich als Schulsekretär(in) Erste Hilfe leisten? Brauche ich als Schulsekretär(in) einen Erste-Hilfe-Kurs?

Eltern geben ihre Kinder zunächst morgens bei den Lehrkräften der Schule ab, d. h. diese übertragen den Lehrkräften in dieser Betreuungszeit das Sorgerecht. Lehrkräfte haben sich daher während der Unterrichtszeiten, in Freistunden und Pausen, etc. so zu verhalten, wie die Eltern zu Hause. Das Schulkind wird morgens rechtlich aber nicht bei der Verwaltungskraft „Schulsekretär(in)“ abgegeben. Daher bleibt die Erste Hilfe zunächst grundsätzlich an das Lehramt gekoppelt. Die KGSt schließt Erste-Hilfe-Leistungen seitens der Schulträger in den Gutachten über die Tätigkeiten im Schulsekretariat explizit aus. Erste Hilfe ist daher arbeitsrechtlich keine Aufgabe von Schulsekretär(inn)en. Dies ist auch auf vielen Homepages der Schulträger oder in Stellenbeschreibungen so nachzulesen und wird so auch angewandt. Aber Vorsicht: Es gibt eine Ausnahme, nämlich den § 323c StGB: *: „Wer bei Unglücksfällen oder gemeiner Gefahr oder Not nicht Hilfe leistet, obwohl dies erforderlich und ihm den Umständen nach zuzumuten, insbesondere ohne erhebliche eigene Gefahr und ohne Verletzung anderer wichtiger Pflichten möglich ist, wird mit Freiheitsstrafe bis zu 1 Jahr oder mit Geldstrafe bestraft"*. Das heißt: Kommt ein(e) Schüler(in) mit der Schere im Kopf aus dem Kunstunterricht ins Schulsekretariat, können Sie nicht sagen: „Das ist Lehreraufgabe – hiermit habe ich nichts zu tun ..." Bei allgemeiner Not im Verzug im eigenen Hoheitsgebiet (Schulsekretariat) muss jeder sehr wohl, wie jeder andere Bundesbürger auch, Erste Hilfe leisten. Daher ist es aufgrund der Möglichkeit solcher Vorfälle anzuraten, alle zwei bis drei Jahre einen Erste-Hilfe-Kurs zu besuchen.

Zusammenfassung

- Es ist nicht die Aufgabe von Schulsekretär(inn)en, Erste Hilfe zu leisten
- Ausnahme: § 323c: Bei Not im Verzug
- Der Schulträger muss den Schulsekretär(inn)en keinen Erste-Hilfe-Kurs anbieten, da der Träger Erste Hilfe als Aufgabe des Schulsekretariats ausschließt.
- Dennoch sollten Sie, aus eigener Sorgfalt heraus, alle zwei bis drei Jahre einen Erste-Hilfe-Kurs besuchen.

Tipp

Übernehmen Sie nur die klassischen Aufgaben der Verwaltungskraft zur Ersten Hilfe:

- In Bedarfsfällen Arzt, Krankenhaus und Eltern benachrichtigen,
- Unfallmeldung (Vordruck) schreiben und weiterleiten,
- bei Sondermaßnahmen des Gesundheitsamtes mitwirken (z. B. Namenslisten erstellen, Räume bereitstellen ...).
- Entfernen Sie weder Zecken noch Glassplitter und nehmen Sie auch keine Untersuchungen auf Läuse an den Schulkindern vor!
- Weisen Sie die Lehrkräfte auf ihre Dienstpflicht hin, Erste Hilfe zu leisten!

DRITTER TEIL

AUFSICHTSFRAGEN

? Darf ich als Schulsekretär(in) generell Aufsichtsaufgaben übernehmen?

Schulsekretärinnen bzw. Schulsekretäre werden vom Schulträger eingestellt. Dieser legt auch eigenverantwortlich – angelehnt an die Vorgaben des Schulgesetzes und der kommunalen Spitzenverbände – die Arbeitszeiten und die Aufgaben von Sekretär(inn)en fest. Diese Aufgaben wurden von der KGSt beschrieben. Sie sind die Grundlage für die Festlegung der Arbeitsstunden und die Grundlage der Tätigkeitsfelder.

Die Schulleitung ist gegenüber dem Schulsekretariat zwar weisungsbefugt, diese Weisungsbefugnis muss sich jedoch immer im Rahmen des gültigen Arbeitsvertrags mit dem Träger bewegen. Das heißt, auch Lehrkräfte und Schulleitung sind an den Arbeitsvertrag zwischen Schulsekretär(inn)en und Schulträger gebunden und können daher nicht dem Schulsekretariat die Aufsicht über einzelne Kinder übertragen. Das VGH Baden-Württemberg hat die Aufsichtsfrage ebenso klar definiert:

„Werden Aufsichtsaufgaben auf den Schulhausmeister oder die Schulsekretärin übertragen, sind neben den genannten generellen Bedingungen für die Übertragung von Aufsichtsaufgaben auch die Arbeitsverträge dieser Personen zu betrachten, da sie zwar die Weisungen der Schulleitung befolgen müssen, diese Weisungen sich aber im Rahmen des Arbeitsvertrages halten müssen. Außerdem ist zu beachten, dass die Aufsichtsverpflichtung grundsätzlich für Lehrkräfte besteht. Das Verwaltungsgericht führt aus, dass als verantwortlich zu betrauende Aufsichtspersonen grundsätzlich nur Lehrkräfte in Betracht kommen. Dies ist für die Aufsichtsführung während der Unterrichtsstunden oder sonstiger schulischer Veranstaltungen als Aufgabe zur Lehrtätigkeit selbstverständlich. Aber auch für die unterrichtsfreien Zeiträume bleibt die Beaufsichtigung immer an das Lehramt gekoppelt. Das bedeutet insbesondere, dass der Hausmeister oder die Schulsekretärin grundsätzlich als Aufsichtsperson ausscheidet; dies gilt auch dann, wenn der Schulträger damit einverstanden ist, dass die Schulsekretärin oder der Hausmeister zur Aufsichtsführung herangezogen werden."

? Zwei Schüler(innen) prügeln sich in einer Pause auf dem Schulhof. Daraufhin entfernt sich eine(r) der beiden vom Schulgelände und kommt nicht wieder. Wer hat jetzt welche Schritte zu unternehmen und zu dokumentieren? Was für eine Rolle spielt hierbei das Schulsekretariat?

Die zur Aufsicht eingeteilte Lehrkraft muss diesen Vorgang dokumentieren und veranlassen, dass die Eltern umgehend informiert werden. Die Aufsichtspflicht liegt bei der aufsichtsführenden Lehrkraft. Das Telefonieren kann er der Verwaltungskraft übertragen. Diese muss aber nicht den ganzen Tag hinterhertelefonieren (3x im Abstand von 30 Minuten gilt als ausreichend). Vgl. hierzu Böhm: Aufsicht und Haftung in der Schule, S. 111, Rz 127 ff.)

? Alle Lehrkräfte haben das Schulgelände verlassen. Es ist nur noch die Schulsekretärin bzw. der Schulsekretär da. Einige Schüler(innen) spielen noch auf dem Schulgelände. Nach einer Auseinandersetzung entfernt sich eine(r) der beteiligten Schüler(innen) vom Schulgelände ohne eine Nachricht zu hinterlassen, wohin sie bzw. er geht. Wenig später ruft ein Elternteil im Schulsekretariat an und sucht sein Kind ... Was tun?

Hier muss zunächst geklärt werden, warum die Schüler(innen) noch auf dem Schulgelände spielen. Sind sie dazu überhaupt noch berechtigt? Als angemessene Zeit für die Aufsicht gelten 15 bis 30 Minuten vor und nach Beendigung des Unterrichts, eventuell noch die Wartezeit bis zur Abfahrt des Schulbusses. Anschließend muss die Schule nicht dulden, dass sich Schüler(innen) außerhalb ihrer Unterrichtszeit (15 Minuten Regelung) auf dem Schulhof aufhalten. Ein(e) flüchtende(r) Schüler(in) kann daher nicht aufgehalten werden (Polizei, Jugendamt, Eltern anrufen!) – § 8 einer Lehrerdienstordnung: „Unbeschadet des Hausrechts der Schulleitung übt der Lehrer in seinem Unterrichtsraum und in seinem Aufsichtsbereich das Hausrecht aus."

Gestattet oder duldet die Schulleitung den Aufenthalt vor und nach Unterrichtsende, dann besteht seitens der Schulleitung für diese Zeit eine Aufsichtspflicht (vgl. Avenarius/Füssel: Schulrecht, 8. Auflage, S. 713). Das Schulsekretariat hat damit und dem in der Frage enthaltenen Fall also nichts zu tun.

? Wie sollten sich Schulsekretärinnen bzw. Schulsekretäre verhalten, wenn Lehrkräfte einzelne Schüler(innen) bei Verhaltensauffälligkeiten ins Sekretariat schicken und diese dann dort toben oder gar Arbeitsmittel zerstören?

Vom Grundsatz her dürfen verhaltensauffällige Kinder nicht ins Schulsekretariat geschickt werden. Für die Aufsichtspflicht pädagogisch verantwortlich ist und bleibt die Lehrkraft. Sollte es dennoch passieren und die Schülerin bzw. der Schüler „toben", muss die Lehrkraft geholt werden und auf ihre Verantwortung hingewiesen werden. Die Aufsichtspflicht kann nicht dem Schulsekretariat übertragen werden.

Das Hinausweisen von störenden Schüler(inne)n aus der Klasse ist grundsätzlich zulässig, allerdings: „Besteht die Gefahr, dass ein Schüler außerhalb des Klassenraums größeren Schaden anrichtet, als in der Klasse, hängt es von dem Alter und der konkreten emotionalen Situation des Schülers ab, ob er an anderer Stelle der Schule (z. B. im Lehrerzimmer) beaufsichtigt wird, oder ob er nach Hause geschickt wird. Bei Schülern weiterführender Schulen ist eine solche Maßnahme, die in der Regel von der Schulleitung angeordnet werden muss, grundsätzlich zulässig." Die Verhältnismäßigkeit ist zu prüfen (vgl. Böhm: Der Ausschluss von der laufenden Schulstunde, in SchulRecht 7–8, 2009, S. 77).

? Nicht selten bekommen wir im Schulsekretariat mit, dass ein(e) Schüler(in) aus dem Unterricht wegläuft und vom Schulgelände verschwindet. Wir haben dann immer Sorge, dass dem Kind etwas passiert. Wie müssen wir uns hier verhalten? Ist die Schülerin bzw. der Schüler unfallversichert?

Es liegt immer ein versicherter Schulunfall vor, wenn der Unfall in einem inneren Zusammenhang mit dem Schulgeschehen steht. Wenn sich der Unfall in unmittelbarer Nähe der Schule und kurze Zeit nach Verlassen des Schulgeländes ereignet hat, besteht sowohl der zeitliche als auch der räumliche Zusammenhang. Die Reaktion der Schülerin bzw. des Schülers kann durch eine schulische Situation veranlasst sein, außerdem befindet sich die Schülerin bzw. der Schüler oft auf dem Weg nach Hause. Die Schüler(innen) stehen daher unter dem Schutz der gesetzlichen Unfallversicherung. Sollten sich die Schüler(innen) allerdings nicht auf dem Nachhauseweg befinden und einige Zeit nach Verlassen des Schulgeländes verunglücken, ist unter Berücksichtigung des Alters davon auszugehen, dass der Versicherungsschutz entfällt. Hat ein(e) Schüler(in) schon einmal unerlaubt den Klassenraum verlassen, wird man ihr bzw. ihm vielleicht einen Sitzplatz in möglichst großer Entfernung zur Tür zuweisen. Je nach Alter der Schülerin bzw. des Schülers, ist es der Lehrkraft auch zuzumuten, sie bzw. ihn festzuhalten oder im Schulgebäude zu verfolgen. Ist es nicht möglich, die Schülerin bzw. den Schüler am Verlassen der Klasse bzw. des Gebäudes zu hindern, muss die Lehrkraft wieder die Aufsicht über die Klasse übernehmen. Sie steht dann nicht mehr in der Aufsichtspflicht für die entflohene Schülerin bzw. den entflohenen Schüler.

Hier gilt nun die sogenannte PE-Regelung: Die Schule (oder das Schulsekretariat) ruft zuerst die Polizei an, um das Verschwinden der Schülerin bzw. des Schülers anzuzeigen und danach die Eltern. Hintergrund dieser Regelung ist, dass die Eltern etwa aufgrund ihrer Berufstätigkeit nicht sofort telefonisch erreichbar sind und somit wichtige Zeit verloren geht. Die Polizei dokumentiert die Sorgfalt der Schule durch den eingehenden Anruf.

Generell: Lehrkräfte dürfen den Klassenraum nur in zwingend notwendigen Ausnahmefällen verlassen. Telefonanrufe oder auch Eltern, die während der Unterrichtszeit ein Gespräch wünschen, stellen keine zwingende Notwendigkeit dar. Bei fehlenden Lernmitteln soll ein(e) gewissenhafte(r) Schüler(in) geschickt werden. Selbst bei einer kurzfristigen Mitarbeit schulfremder Personen (Eltern, Referenten) muss eine aufsichtsführende Lehrkraft anwesend sein.

? **Die Mutter eines Schulkindes bittet im Schulsekretariat telefonisch darum, ihr Kind ausnahmsweise (normalerweise wird es von den Eltern/der Mutter abgeholt) alleine heimgehen zu lassen oder einer anderen Person (Mitschüler(in), Oma, Arbeitskollegen der Eltern) mitzugeben. Die Sekretärin bzw. der Sektretär möge dies bitte dem Schulkind mitteilen. Was ist hier zu raten? Wie sichere ich mich hier ab?**

Hier wird die Vereinbarung zwischen der personenfürsorgeberechtigten Mutter und der Schule für einen Tag fernmündlich abgeändert. Da es unter Umständen sein kann, dass die Mutter den Anruf leugnet, falls dem Kind auf dem Heimweg etwas zustößt, ist juristisch dringlichst zu raten, den Anruf der Mutter schriftlich beweisbar zu machen. Keine Beweiskraft hingegen hatte in einem ähnlichen Fall der Eintrag der Schulsekretärin in ein neben dem Telefon liegendes Notizbuch. Denn diese Gesprächsnotiz hätte auch nachträglich erfolgt sein können.

! Tipp

- Lassen Sie sich in einem solchen Fall eine Mail, ein Fax, eine SMS oder WhatsApp schicken, mit der Sie schriftlich beweisen können, dass Sie ausschließlich dem Wunsch der Mutter oder des Vaters entsprochen haben.
- Benutzen Sie den im Anhang befindlichen „Klassenbogen Entlassung aus dem Unterricht“. Hier wird deutlich, welche Maßnahme die garantenstellungspflichtige Lehrkraft veranlasst hat!

VIERTER TEIL

SORGERECHTSFRAGEN

? Nicht selten sind Schulsekretärinnen bzw. Schulsekretäre bei Schulanmeldungen dabei und gehen zusammen mit den Eltern die Aufnahmebögen durch. Hier stellt sich immer wieder die Frage nach dem Sorgerecht: Darf bei getrennt lebenden Eltern mit gemeinsamen Sorgerecht die Mutter das Kind alleine an der Schule anmelden?

Vom Kindergarten bis zur Fahrschule: Viele Formalitäten rund um die Kinder erfordern die Unterschriften der Eltern. Aber wann reicht die schriftliche Einwilligung eines Elternteils aus und wann müssen sowohl Mama als auch Papa unterschreiben? „Kann ich das jetzt alleine unterschreiben oder nicht?" Diese Frage beschäftigt viele Eltern angesichts der Flut von Schriftstücken und Formularen, die Behörden, Kindergärten, Schule oder Bank ihnen zum Unterzeichnen vorlegen. Die Antwort ist im Kern einfach: Die gesetzliche Regelung stellt das Sorgerecht in den Fokus:

Eine Unterschrift reicht	**Beide Unterschriften nötig**
Klassenarbeit oder Schulzeugnis	An- und Abmeldung an einer Schule
Entschuldigung wegen Krankheit	Reisepass und Personalausweis für das Kind
Routineuntersuchungen beim Hausarzt	Größere Ärztliche Eingriffe wie Operationen und ggf. bei Impfungen
	Geldangelegenheiten wie Konto oder Bausparvertrag für das Kind
	An- und Ummeldung am Wohnort

Treffen Eltern durch ihre Unterschrift eine Entscheidung, die beträchtlichen Einfluss auf das spätere Leben des Kindes haben kann, bedeutet das meist, dass beide zwingend gegenzeichnen müssen. Geht es lediglich um die Kenntnisnahme eines Sachverhalts, genügt in der Regel die Unterschrift eines Elternteils.

Allein entscheidungs- und damit unterschriftsberechtigt für Kinder sind nur Mütter oder Väter mit alleinigem Sorgerecht. Komplexer hat der Gesetzgeber die Regeln für gemeinsam sorgeberechtigte Eltern gestaltet – ungeachtet ihres Beziehungsstatus. „Gemeinsam" heißt, kein Elternteil darf den anderen in Belangen des Kindes übergehen. Trotzdem muss nicht jede Kleinigkeit von beiden Erziehungsberechtigten abgesegnet beziehungsweise abgezeichnet werden. Grundsätzlich kommt es darauf an, ob es sich um eine „Angelegenheiten von erheblicher Bedeutung" oder um eine Routineerlaubnis in Dingen des täglichen Lebens handelt.

Wann eine Angelegenheit von „erheblicher Bedeutung" für das Kind ist, lässt sich nicht einheitlich festlegen. Für eine juristisch exakte Einschätzung ist daher stets der Einzelfall zu betrachten. Eine Schulanmeldung gehört dennoch klar zu den „Angelegenheiten von erheblicher Bedeutung" und ist daher unterschriftspflichtig von beiden Sorgeberechtigten.

Über die Notwendigkeit doppelter Unterschriften für Kita oder Schule wird in Elternforen heftig debattiert. Zahlreiche Paare, ob gemeinsam oder getrennt lebend, empfinden das doppelte Unterschreiben als nervig, etwa wenn ein Elternteil arbeitsbedingt nur am Wochenende zu Hause ist oder in großer räumlicher Entfernung zum Kind wohnt.

Wer die Kommunikation mit Kita oder Schule vereinfachen möchte, kann dem Partner eine Vollmacht zur Wahrnehmung der Kindesinteressen in diesem Bereich ausstellen. Denn unbedachte Alleingänge eines Elternteils führen schnell zu Ärger, vor allem bei getrennt lebenden bzw. geschiedenen Paaren. Gerade die Schulanmeldungen sind ein häufiges Streitthema. Die Entscheidung dafür oder dagegen ist von erheblicher Bedeutung, die Unterschriften beider Elternteile daher erforderlich. Das gilt ebenso für besondere ärztliche Behandlungen wie Operationen.

Was für Eltern wie eine Alltagsangelegenheit wirkt, kann strengen gesetzlichen Vorgaben unterliegen. Etwa die Ausstellung eines Reisepasses oder Personalausweises für das Kind. Die Unterschriften beider Eltern sind dabei vorgeschrieben. Das ist durchaus sinnvoll, denn andernfalls könnte ein Elternteil ohne das Wissen des anderen den Pass anfordern und das Kind ins Ausland bringen. Um auszuschließen, dass ein Sorgeberechtigter ohne Absprache den Wohnort wechselt, ist ebenso bei einer An- oder Ummeldung des Kindes die Unterschrift beider Eltern unumgänglich.

Da die gemeinsame Sorge ums Kind die Vermögensvorsorge beinhaltet, ist es Eltern zudem nicht gestattet, Bankgeschäfte für den Nachwuchs allein in die Hand zu nehmen. Daher fordern Kreditinstitute bei der Eröffnung eines Kinderkontos zwei Unterschriften, ebenso beim Abschluss eines Bausparvertrages zugunsten eines Kindes.

Zusammenfassung

Die „Ausübung der elterlichen Sorge" definiert § 1627 des Bürgerlichen Gesetzbuches (BGB). Sind die Eltern verheiratet, haben beide grundsätzlich das gemeinsame Sorgerecht. Bei ehelich geborenen Kindern gilt diese Regelung auch nach einer Trennung oder Scheidung. Dann kann jedoch das gemeinsame Sorgerecht – oder ein Teilbereich – aufgehoben und einem Elternteil übertragen werden. Mütter ohne Trauschein besitzen automatisch das alleinige Sorgerecht für ihr Kind. Nicht verheiratete Eltern können aber beim Jugendamt eine gemeinsame Sorgerechtserklärung abgeben. Zudem können Väter nicht ehelich geborener Kinder vor dem Familiengericht das Sorgerecht einklagen. Das BGB unterscheidet bei getrennt lebenden Eltern mit gemeinsamen Sorgerecht zwischen „Angelegenheiten von erheblicher Bedeutung" und „Angelegenheiten des täglichen Lebens". Eine Schulanmeldung ist eine Angelegenheit von erheblicher Bedeutung. Die Unterschrift bei der Schulanmeldung muss von beiden sorgeberechtigten Eltern vorgelegt werden.

Tipp

- Fragen Sie bei der Schulanmeldung explizit nach dem aktuellen Stand des Sorgerechts!
- Nutzen Sie die im Anhang befindliche „Veränderungsanzeige"!

- Machen Sie den Eltern deutlich, dass sämtliche Sorgerechtsänderungen nach der Schulanmeldung der Schule unverzüglich mitzuteilen sind!

? Die Eltern haben das gemeinsame Sorgerecht, leben aber getrennt. Die Mutter hat das Aufenthaltsbestimmungsrecht und möchte mit dem Kind umziehen. Für den Schulwechsel kommt sie in die Schule, um das Kind dort im Schulsekretariat abzumelden. Sie begründet diese alleinige Entscheidung, da sie ja das Aufenthaltsbestimmungsrecht habe. Darf die Mutter das Kind an der Schule alleine abmelden?

Obliegt das Aufenthaltsbestimmungsrecht bei ansonsten gemeinsamer Sorge nur einem Elternteil, so kann dieser zwar mit dem Kind umziehen, ein dadurch notwendiger Schulwechsel bedarf aber des Einverständnisses des anderen Elternteils.

Ein Schulwechsel ist (siehe Tabelle) nämlich keine Angelegenheit des täglichen Lebens, d. h. keine Angelegenheit, die häufig vorkommt und die keine schwer abzuändernden Auswirkungen auf die Entscheidung des Kindes hat (so die Legaldefinition in § 1687, Abs. 1, S. 3 BGB), für die dem Elternteil, bei dem sich das Kind mit Einwilligung des anderen Elternteils gewöhnlich aufhält, auch bei fortbestehender gemeinsamer Sorge nach § 1687, Abs. 1, S. 2 BGB die alleinige Entscheidungsbefugnis zusteht. Eine Schulabmeldung ist und bleibt eine „Angelegenheit von erheblicher Bedeutung", d. h. die Abmeldung an einer Schule kann daher auch nur von beiden Sorgeberechtigten vollzogen werden.

? Ein von der personenfürsorgeberechtigten Kindsmutter getrennt lebender Kindsvater ruft lautstark im Schulsekretariat an und moniert, dass er von der Schule „überhaupt keine Unterlagen" mehr bekomme. Insbesondere verlange er zukünftig „alle Schulzeugnisse" des Kindes in kopierter Form. Er begründet seine Wut mit der Tatsache, dass er doch das gemeinsame Sorgerecht habe. Muss das Schulsekretariat dem getrennt lebenden Vater ein Schulzeugnis zuschicken?

Grundsätzlich haben auch Eltern, die geschieden sind oder getrennt leben, das gemeinsame Sorgerecht für ihre Kinder. Behauptet ein Elternteil, das alleinige Sorgerecht zu haben, muss sich die Schule hierfür Beweise vorlegen lassen. Das Schreiben eines Rechtsanwalts genügt hierfür nicht! Verbindlich dagegen ist die sogenannte „Negativbescheinigung" des Jugendamtes und/oder eine Sorgerechtsentscheidung des Familiengerichts. Eine Kopie dieser Entscheidung sollte der Schulakte des Kindes hinzugefügt werden, so ist für Schulleitung und Schulsekretariat bei künftigen Entscheidungen sofort klar, wer das Sorgerecht hat. Hilfreich ist im Arbeitsalltag auch die im Anhang befindliche Veränderungsanzeige.

Achtung: Bei Eltern, die nicht miteinander verheiratet sind und waren, hat in der Regel die Mutter das alleinige Sorgerecht. Behauptet der Vater, auch Inhaber des Sorgerechts zu sein, muss hier ebenfalls ein Nachweis z. B. in Form einer Sorgeerklärung vor dem zuständigen Jugendamt erbracht werden.

Besteht das gemeinsame Sorgerecht, haben beide Eltern einen Anspruch darauf, von der Schule über den Zeugnisinhalt informiert zu werden. Das bedeutet auch: Die Schule muss auf Wunsch eine Kopie des Zeugnisses an den fordernden Elternteil herausgeben. Die Schule darf nicht an den anderen Elternteil verweisen, denn als Inhaber des gemeinsamen Sorgerechts hat jeder Elternteil einen Anspruch auf Auskunft über wichtige schulische Belange. Hierzu gehören in jedem Fall die Versetzung und das Jahreszeugnis.

ANHANG

Abkürzungsverzeichnis

Abs.	Absatz
Az.	Aktenzeichen
BAG	Bundesarbeitsgericht
BayVBL	Bayerische Verwaltungsblätter
BGB	Bürgerliches Gesetzbuch
BGH	Bundesgerichtshof
BGHZ	Bundesgerichtshof, Entscheidungen in Zivilsachen
BSG	Bundessozialgericht
DÖV	Die öffentliche Verwaltung
DVBL	Deutsches Verwaltungsblatt
DStGB	Deutscher Städte- und Gemeindebund
GG	Grundgesetz
GUV	Gesetzliche Unfallversicherung
HansOLG	Hanseatisches Oberlandesgericht
Holfelder/Bosse	Holfelder/Bosse: Handbuch des Schulrechts
KG	Kammergericht
KGSt	Kommunale Gemeinschaftsstelle für Verwaltungsmanagement
KKH	Krankenhaus
LG	Landgericht
NJW	Neue Juristische Wochenschrift
NVwZ	Neue Zeitschrift für das Verwaltungsrecht
OLG	Oberlandesgericht
OVG	Oberverwaltungsgericht
RTW	Rettungswagen
SchG	Schulgesetz
SchuR	Schulrecht
SGB	Sozialgesetzbuch
SL	Schulleitung
StGB	Strafgesetzbuch
StVO	Straßenverkehrsordnung
TVöD	Tarifvertrag für den öffentlichen Dienst
VG	Verwaltungsgericht
VGH	Verwaltungsgerichtshof

LITERATURVERZEICHNIS (Auswahl)

Avenarius, Herrmann/Füssel, Hans-P.: Schulrecht, 8. Auflage, Köln, Kronach 2010

Bessoth, Richard (Hrsg.): Handbuch für das Schulsekretariat, Neuwied 1992

Böhm, Thomas: Aufsicht und Haftung in der Schule, Köln, Kronach 2007

Böhm, Thomas: Nein, Du gehst jetzt nicht auf´s Klo – was Lehrer dürfen, München 2018

Böhm, Thomas: Schulrechtliche Fallbeispiele für Lehrer, Köln, Kronach 2008

Brauer, Renate/Burdorf, Karin/Hebborn, Klaus/Hubert, Jens-Reinhold/Kowalski, Susanne (Hrsg.): Praxishandbuch Schulsekretariat, Köln, Kronach 2007

Bundesministerium für Arbeit und Soziales (Hrsg.): Unfallversichert in der Schule, Bonn 2011

Carl Link Verlag (Hrsg.): Sicherheit und Gesundheitsschutz in der Schule, Köln, Kronach 2010

Hauser, Anne: Die 55 häufigsten Konflikte aus dem Schulalltag, Köln, Kronach 2017

Hoegg, Günther: Schulrecht: Kurz und bündig, Berlin 2012

Holfelder, Wilhelm/Bosse, Wolfgang/Reip, Stefan (Hrsg.): Schulrecht Baden-Württemberg: Kommentar zum Schulgesetz, Stuttgart 2005

Hundmeyer, Simon: Aufsichtspflicht in Kindertageseinrichtungen, Köln, Kronach 2015

Müller, Andreas: Schulrecht mal anders! Köln, Kronach 2018

Oelkers, Harald: Sorge- und Umgangsrecht in der Praxis, Hamburg 2004

Radecki, Monika: Nein sagen: Die besten Strategien, Planegg/München 2015

RECHTSPRECHUNG

Zitierte und zugrunde liegende Rechtsprechungen, Gutachten und Urteile

Fallgruppe	Gericht/Instanz	Fundstelle	Stichwort
Haftung der Schulsekretärin bzw. des Schulsekretärs	OVG Rheinland-Pfalz	Urteil vom 28.05.2004, 2 A 12079/03.OVG	Kopierer
	BVerwGE	BVerwGE 52, 255, 256	
	KGsT®	KGSt®-Bericht 17/1991 „Schulsekretärinnen“	Geldsammlungen entgegennehmen
	OVG Lüneburg	Urteil vom 27.02.1990 – 2 A 61/87	Verlust eingesammelter Gelder
	VG Gelsenkirchen	Urteil vom 13.12.2011, Az.: 12 K 1876/06	Schulschlüssel / Abhandenkommen
	OVG Niedersachsen	Beschluss vom 14.02.2005 – 2 LA 827/04	Diebstahl eigenes Handy in der Schule
	VGH Karlsruhe	AZ: 7 K 3433/10	„Handyverbot“
	VG Berlin	Urteil vom 04.04.2017 – VG 3 K 797.15	
	KGSt®	KGSt®-Bericht 17/1991 „Schulsekretärinnen“	(insbesondere zur Abgrenzung von inneren und äußeren Schulangelegenheiten)
		§51 Abs.6 ThürSchulG	Verwahrung von Schülerhandys durch die Schulleitung

Fallgruppe	Gericht/Instanz	Fundstelle	Stichwort
Haftung der Schulsekretärin bzw. des Schulsekretärs	BGH	NJW 1973, 2102 DÖV 1974, 70 DVBl 1974, 719	Schutz von Schülereigentum vor Diebstahl und Beschädigung
	VGH Baden-Württemberg	Az.: 9 S 592/86; SPE 140 Nr. 9	Verlassen des Schulgeländes (hier: Transport mit dem Rettungswagen)
	Thüringer Ministerium für Soziales, Familie und Gesundheit	§ 42 SGB VIII vom 19.07.1999	Vorgehensweise zur Inobhutnahme durch das Jugendamt
	Bundessozialgericht	BSG Urteil vom 19.05.1983	Versicherungsschutz / Verlassen des Schulgeländes (hier: Nahrungsmittelkauf)
Erste Hilfe	Sozialgesetzbuch	§21 Sozialgesetzbuch VII	Pflicht der Schule zur Sicherstellung von fachgerechter Erster Hilfe
		KGSt*-Bericht 17/1991 „Schulsekretärinnen“	Ablehnung der Ersten-Hilfe-Leistungen durch Schulsekretärin bzw. Schulsekretär
Aufsicht	Stadtverwaltung Syke VG Freiburg, VGH Baden-Württemberg	https://www.syke.de Urteil vom 11.12.1985 – 2 K 74/85 Az. 9S592/86	Ablehnung der Übertragung von Aufsichtsaufgaben an die Schulsekretärin bzw. den Schulsekretär

Fallgruppe	Gericht/Instanz	Fundstelle	Stichwort
Aufsicht	Grundgesetz Schulgesetz Baden-Württemberg Verwaltungsgerichtsordnung	Art 6 Abs 2 GG, Art 7 Abs 1 GG, § 38 Abs 2 SchulG BW, § 41 Abs 1 SchulG BW, § 41 Abs 3 SchulG BW, § 42 Abs 2 VwGO	Verpflichtung der Lehrkräfte zur Aufsichtspflicht in der Schule
	RG	WarnRspr 1940 Nr. 120	Aufsicht vor Unterrichtsbeginn
Sorgerecht	Oberlandesgericht Dresden Bürgerliches Gesetzbuch	Beschluss vom 15. Oktober 2002 Az.: 10 UF 433/02 Rechtsnormen: BGB §§ 1671, 1687	Schulanmeldungen/Schulabmeldungen

KLASSENBOGEN

Klassenbogen „Entlassung aus dem Unterricht"

– durch die Schülerin bzw. den Schüler im Sekretariat abzugeben –

Hiermit erlaube ich, ______________________________,

Lehrkraft in der Klasse __________,

dass die Schülerin/der Schüler ______________________________

aufgrund von ______________________________

aus dem Unterricht entlassen wird.

Es wurde der Schülerin/dem Schüler erlaubt,

- ☐ sich alleine in den Sanitätsraum zu legen.
- ☐ sich in Begleitung der Mitschülerin/des Mitschülers ____________________ in den Sanitätsraum zu begeben.
- ☐ sich im Sekretariat zu melden, um vom Schulsanitätsdienst betreut zu werden.
- ☐ sich in Begleitung der Mitschülerin/des Mitschülers ______________ zum Arzt zu begeben.
- ☐ sich über das Sekretariat einen Krankenwagen zu bestellen, um ins Krankenhaus gebracht zu werden.
- ☐ über das Sekretariat die Eltern bzw. auf dem Aufnahmebogen vermerkte Personen zu verständigen, um abgeholt zu werden.
- ☐ sich selbständig auf direktem Weg nach Hause zu begeben.

______________	______________________
Ort, Datum	Unterschrift Lehrkraft

Vereinbarung „Handyabnahme und Verwahrung" zwischen Schulleitung und Sekretariat Dienstanweisung Schulleitung

Hiermit erkläre ich ______________________________ (Name Schulleitung), dass Schulkindern bei Bedarf als **pädagogische Maßnahme** Handys kurzfristig entzogen werden können. Diese werden im Schulsekretariat bei

Frau/Herrn ______________________________(Schulsekretär(in)) gelagert.

Es ist mir bewusst, dass weder die entziehende Lehrkraft, noch ich als Schulleitung oder die/den Schulsekretär(in) Eigentümer(in) des Handys sind.

Eigentümer(in) des Handys ist und bleibt die Schülerin bzw. der Schüler. Ich als Schulleitung stelle hiermit ausdrücklich bezüglich des kurzfristigen Entzugs dieses Eigentums die/den entgegennehmende Schulsekretär(in) **von jeglichen Haftungsansprüchen** der Eltern, der gesetzlichen Vertreter, der abnehmenden Lehrkraft oder des Kindes **frei.** Dies gilt insbesondere für die Beschädigung der Handys an sich, Displayschäden, Verlust, Diebstahl oder für sonstige anfallenden Kosten, die durch die Entgegennahme und Verwahrung entstehen können.

________________ ______________________________

Ort, Datum Unterschrift Schulleitung

Vereinbarung „Handyabnahme und Verwahrung“ zwischen Lehrkraft und Schulsekretariat

Hiermit erkläre ich ______________________________ (Name Lehrkraft),

dass ich heute der Schülerin/dem Schüler ______________________________

als rein pädagogische, erzieherische Maßnahme das Handy entzogen habe.

Dieser Entzug des Eigentums soll bis zum __________ (Datum/Uhr) erfolgen.

Das Handy wird im Schulsekretariat bei

Frau/Herrn ____ gelagert.

Dies ist auch mit der Schulleitung so abgesprochen, was ich als Lehrkraft hiermit versichere. Es ist mir als Lehrkraft bewusst, dass weder ich, noch Schulleitung bzw. Schulsekretäriat Eigentümer(in) des Handys sind. Eigentümer(in) des Handys ist und bleibt die Schüler bzw. der Schüler. Ich als Lehrkraft stelle hiermit ausdrücklich bezüglich des kurzfristigen Entzugs dieses Eigentums die/den entgegennehmende Schulsekretär(in) **von jeglichen Haftungsansprüchen** der Eltern, der gesetzlichen Vertreter oder des Kindes **frei.** Mir als Lehrkraft ist bewusst, dass ich selbst für alle Folgen dieses pädagogischen Entzugs hafte. Dies gilt insbesondere für die Beschädigung der Handys an sich, Displayschäden, Verlust, Diebstahl oder für sonstige anfallenden Kosten, die durch die Entgegennahme und Verwahrung entstehen können. Ich persönlich hafte für diese pädagogische Maßnahme.

_______________ ______________________________

Ort, Datum Unterschrift Leher(in)

Veränderungsanzeige

Name des Kindes: ______________________________

Lehrkraft: ______________________________

O Folgende Telefon-/Notfall-Telefonnummern bitte löschen:

____

O neue Telefon-/Notfall-Telefonnummer: .

____

O neue Telefonnummer auf der Klassenliste:

____

O Namensänderung des Kindes/der Erziehungsberechtigten ab:

____

neu: ______________________________

O Sorgerechtsänderung:

Bitte mit speziellem Formular dem Schulsekretariat melden!

O Anschriftenänderung ab: ______________________________

neu: ______________________________

O Abmeldung von der ______________ Schule zum ____________

Neue Schule:

____

______________ ______________________________

Ort, Datum Unterschrift Leher(in)

Medikamentengabe in der Schule

Teil 1: Einwilligung der Sorgeberechtigten

Hiermit willigen wir

____

(Name, Vorname Kindsmutter)

____

(Name, Vorname Kindsvater / 2. Sorgeberechtigte(r))

ein, dass unserem Schulkind

____

(Name, Vorname des Kindes/ aktuelle Klasse)

im Bedarfsfall folgende(s) nachfolgende(s) Medikament(e) durch folgende namentlich benannte **Lehrkräfte** **(Sicherheitsbeauftragte/ausgebildete Ersthelfer/ in die Verwendung von Spritzen o. ä. eingewiesene Lehrkräfte):**

____

ausgegeben werden darf.

Medikament(e):

____

____

Dosierung und Anleitung: (wenn notwendig, Folgeblatt verwenden)

____

____

Der Bedarfsfall zeigt sich wie folgt an:

____

____

Die bereitzuhaltenden Medikamente sind für Lehr- und Aufsichtskräfte stets leicht erreichbar aufzubewahren, aber vor unbefugtem Zugriff durch Mitschüler(innen) zu schützen. Ein Warnschild im Schrank weist ausdrücklich darauf hin, dass es sich bei den Packungen um Medikamente handelt. Die Medikamente haben deutlich, und nicht nur auf der Schachtel, den Namen des Kindes tragen, für das die Medikamente bestimmt sind. Zumindest einzelne Kinder der Klasse müssen um die Aufbewahrung wissen, damit sie fremde Lehrkräfte darauf hinweisen können.

Die (Notfall-)medikamente befinden sich daher in Raum:

____

Genauer Aufbewahrungsort:

____

Hiermit erklären wir, dass unserem Kind in der Schule durch eine Lehrkraft oder Pädagogische(n) Mitarbeiter(in) die durch den Arzt festgelegten Medikamente regelmäßig oder in der beschriebenen Situation verabreicht werden. Es ist mir bewusst, dass weder die Lehrkraft noch die/der Pädagogische Mitarbeiter(in) eine medizinische Ausbildung besitzen. Ich stelle hiermit ausdrücklich bezüglich der Verabreichung der oben genannten Medikamente die handelnde Lehrkraft oder die/den Pädagogische(n) Mitarbeiter(in) von jeglichen Haftungsansprüchen unsererseits oder unseres Kindes frei.

Diese Einwilligung gilt ausschließlich für das laufende Schuljahr und muss stets jedes kommende Schuljahr im Bedarfsfall erneuert werden. Mögliche Änderungen bzgl. des Medikaments, Dosierung, o. ä. teilen wir der Schule unverzüglich mit.

_______________ _______________________________

Ort, Datum Unterschrift beide Sorgeberechtigte

Teil 2: Datenschutzeinwilligung der Sorgeberechtigten

Einwilligung der Sorgeberechtigten gegenüber der Lehrkraft:

____

zur Datennutzung (Weitergabe) innerhalb folgender Schule:

____

Wir willigen ein, dass die Schule diejenigen personenbezogenen Daten unseres Kindes

Name:_______________________________ Klasse:_______

betr. die chronische Erkrankung ___________________________

an Lehrkräfte* und Mitschüler(innen)* weitergibt, soweit dies für den fürsorglichen Umgang mit dem Kind in der Schule erforderlich ist. Uns ist bekannt, dass wir unsere Einwilligung jederzeit mit Wirkung für die Zukunft widerrufen können.

***Nicht Gewünschtes bitte streichen.**

__________ ______________________

Ort, Datum Unterschrift beide Sorgeberechtigte

Teil 3: Beschränkte Schweigepflichtsentbindung

Wir entbinden Frau/Herrn

____

gegenüber der Schule und der/dem Lehrer(in)*

____

von der ärztlichen Schweigepflicht gemäß § 203 StGB. Diese Schweigepflichtsentbindung bezieht sich nur auf die von der Schule zum fürsorglichen Umgang mit der Erkrankung erforderlichen personenbezogenen Daten unseres Kindes

____

und beschränkt sich auf die chronische Erkrankung:

____

***Nicht Gewünschtes bitte streichen.**

______________ ______________________________

Ort, Datum Unterschrift beide Sorgeberechtigte

Teil 4: Medizinische Indikation des Hausarztes
Bescheinigung zur Vorlage in der Schule
Verabreichung von Medikamenten

Hiermit halte ich es für medizinisch indiziert, dass die Schülerin/der Schüler

______________________________, geb. am ____________

die nachfolgend aufgeführten Medikamente

O zu folgenden Zeiten regelmäßig einnehmen muss:

____

____

(Name des Medikamentes/der Medikamente, Tageszeiten, Dosierung, Art der Verabreichung)

O in folgenden Fällen erhalten muss:

____

____

(Beschreibung der Anlasssituation, Name des Medikamentes, Dosierung, Art der Verabreichung)

Die Sorgeberechtigten haben mich diesbezüglich von meiner Schweigepflicht befreit, für Rückfragen stehe ich telefonisch unter

____________ zur Verfügung. KV-Zulassungsnr. ____________

____________ ______________________

Ort, Datum Unterschrift und Stempel Arzt/Ärztin

Stichwortverzeichnis

S

U

V

W